U0515598

海上絲綢之路基本文獻叢書

北户録注

〔唐〕崔龜圖 撰

文物出版社

圖書在版編目（CIP）數據

北户録注 /（唐）崔龜圖撰. -- 北京 : 文物出版社,
2022.6
（海上絲綢之路基本文獻叢書）
ISBN 978-7-5010-7507-2

Ⅰ. ①北… Ⅱ. ①崔… Ⅲ. ①廣東－地方誌－唐代
Ⅳ. ①K296.5

中國版本圖書館 CIP 數據核字（2022）第 068472 號

海上絲綢之路基本文獻叢書

北户録注

著　　者：〔唐〕崔龜圖
策　　划：盛世博閱（北京）文化有限責任公司

封面設計：鞏榮彪
責任編輯：劉永海
責任印製：張　麗

出版發行：文物出版社
社　　址：北京市東城區東直門内北小街 2 號樓
郵　　編：100007
網　　址：http://www.wenwu.com
郵　　箱：web@wenwu.com
經　　銷：新華書店
印　　刷：北京旺都印務有限公司
開　　本：787mm×1092mm　1/16
印　　張：14.25
版　　次：2022 年 6 月第 1 版
印　　次：2022 年 6 月第 1 次印刷
書　　號：ISBN 978-7-5010-7507-2
定　　價：98.00 圓

總緒

海上絲綢之路，一般意義上是指從秦漢至鴉片戰争前中國與世界進行政治、經濟、文化交流的海上通道，主要分爲經由黄海、東海的海路最終抵達日本列島及朝鮮半島的東海航綫和以徐聞、合浦、廣州、泉州爲起點通往東南亞及印度洋地區的南海航綫。

在中國古代文獻中，最早、最詳細記載『海上絲綢之路』航綫的是東漢班固的《漢書·地理志》，詳細記載了西漢黄門譯長率領應募者入海『齎黄金雜繒而往』之事，書中所出現的地理記載與東南亞地區相關，并與實際的地理狀况基本相符。

東漢後，中國進入魏晋南北朝長達三百多年的分裂割據時期，絲路上的交往也走向低谷。這一時期的絲路交往，以法顯的西行最爲著名。法顯作爲從陸路西行到印度，再由海路回國的第一人，根據親身經歷所寫的《佛國記》（又稱《法顯傳》）一書，詳細介紹了古代中亞和印度、巴基斯坦、斯里蘭卡等地的歷史及風土人情，是瞭解和研究海陸絲綢之路的珍貴歷史資料。

隨着隋唐的統一，中國經濟重心的南移，中國與西方交通以海路爲主，海上絲綢之路進入大發展時期。廣州成爲唐朝最大的海外貿易中心，朝廷設立市舶司，專門管理海外貿易。唐代著名的地理學家賈耽（七三〇～八〇五年）的《皇華四達記》記載了從廣州通往阿拉伯地區的海上交通『廣州通夷道』，詳述了從廣州港出發，經越南、馬來半島、蘇門答臘半島至印度、錫蘭，直至波斯灣沿岸各國的航綫及沿途地區的方位、名稱、島礁、山川、民俗等。譯經大師義净西行求法，將沿途見聞寫成著作《大唐西域求法高僧傳》，詳細記載了海上絲綢之路的發展變化，是我們瞭解絲綢之路不可多得的第一手資料。

宋代的造船技術和航海技術顯著提高，指南針廣泛應用於航海，中國商船的遠航能力大大提升。北宋徐兢的《宣和奉使高麗圖經》詳細記述了船舶製造、海洋地理和往來航綫，是研究宋代海外交通史、中朝友好關係史、中朝經濟文化交流史的重要文獻。南宋趙汝適《諸蕃志》記載，南海有五十三個國家和地區與南宋通商貿易，形成了通往日本、高麗、東南亞、印度、波斯、阿拉伯等地的『海上絲綢之路』。宋代爲了加强商貿往來，於北宋神宗元豐三年（一〇八〇年）頒佈了中國歷史上第一部海洋貿易管理條例《廣州市舶條法》，并稱爲宋代貿易管理的制度範本。

元朝在經濟上採用重商主義政策，鼓勵海外貿易，中國與歐洲的聯繫與交往非常頻繁，其中馬可·波羅、伊本·白圖泰等歐洲旅行家來到中國，留下了大量的旅行記，記録元代海上絲綢之路的盛况。元代的汪大淵兩次出海，撰寫出《島夷志略》一書，記録了二百多個國名和地名，其中不少首次見於中國著録，涉及的地理範圍東至菲律賓群島，西至非洲。這些都反映了元朝時中西經濟文化交流的豐富内容。

明、清政府先後多次實施海禁政策，海上絲綢之路的貿易逐漸衰落。但是從明永樂三年至明宣德八年的二十八年裏，鄭和率船隊七下西洋，先後到達的國家多達三十多個，在進行經貿交流的同時，也極大地促進了中外文化的交流，這些都詳見於《西洋蕃國志》《星槎勝覽》《瀛涯勝覽》等典籍中。

關於海上絲綢之路的文獻記述，除上述官員、學者、求法或傳教高僧以及旅行者的著作外，自《漢書》之後，歷代正史大都列有《地理志》《四夷傳》《西域傳》《外國傳》《蠻夷傳》《屬國傳》等篇章，加上唐宋以來衆多的典制類文獻、地方史志文獻，集中反映了歷代王朝對於周邊部族、政權以及西方世界的認識，都是關於海上絲綢之路的原始史料性文獻。

海上絲綢之路概念的形成，經歷了一個演變的過程。十九世紀七十年代德國地理學家費迪南·馮·李希霍芬（Ferdinad Von Richthofen，一八三三～一九〇五），在其《中國：親身旅行和研究成果》第三卷中首次把輸出中國絲綢的東西陸路稱爲『絲綢之路』。有『歐洲漢學泰斗』之稱的法國漢學家沙畹（Édouard Chavannes，一八六五～一九一八），在其一九〇三年著作的《西突厥史料》中提出『絲路有海陸兩道』，蘊涵了海上絲綢之路最初提法。迄今發現最早正式提出『海上絲綢之路』一詞的是日本考古學家三杉隆敏，他在一九六七年出版《中國瓷器之旅：探索海上的絲綢之路》中首次使用『海上絲綢之路』一詞；一九七九年三杉隆敏又出版了《海上絲綢之路》一書，其立意和出發點局限在東西方之間的陶瓷貿易與交流史。

二十世紀八十年代以來，在海外交通史研究中，『海上絲綢之路』一詞逐漸成爲中外學術界廣泛接受的概念。根據姚楠等人研究，饒宗頤先生是華人中最早提出『海上絲綢之路』的人，他的《海道之絲路與昆侖舶》正式提出『海上絲路』的稱謂。選堂先生評價海上絲綢之路是外交、貿易和文化交流作用的通道。此後，大陸學者馮蔚然在一九七八年編寫的《航運史話》中，使用『海上絲綢之路』一詞，這是迄今學界查到的中國大陸最早使用『海上絲綢之路』的人，更多地限於航海活動領域的考察。一九八〇年北京大學陳炎教授提出『海上絲綢之路』研究，并於一九八一年發表《略論海上絲綢之路》一文。他對海上絲綢之路的理解超越以往，且帶有濃厚的愛國主義思想。陳炎教授之後，從事研究海上絲綢之路的學者越來越多，尤其沿海港口城市向聯合國申請海上絲綢之路非物質文化遺産活動，將海上絲綢之路研究推向新高潮。另外，國家把建設『絲綢之路經濟帶』和『二十一世紀海上絲綢之路』作爲對外發展方針，將這一學術課題提升爲國家願景的高度，使海上絲綢之路形成超越學術進入政經層面的熱潮。

與海上絲綢之路學的萬千氣象相對應，海上絲綢之路文獻的整理工作仍顯滯後，遠遠跟不上突飛猛進的研究進展。二〇一八年厦門大學、中山大學等單位聯合發起『海上絲綢之路文獻集成』專案，尚在醞釀當中。我們不揣淺陋，深入調查，廣泛搜集，將有關海上絲綢之路的原始史料文獻和研究文獻，分爲風俗物産、雜史筆記、海防海事、典章檔案等六個類别，彙編成《海上絲綢之路歷史文化叢書》，於二〇二〇年影印出版。此輯面市以來，深受各大圖書館及相關研究者好評。爲讓更多的讀者親近古籍文獻，我們遴選出前編中的菁華，彙編成《海上絲綢之路基本文獻叢書》，以單行本影印出版，以饗讀者，以期爲讀者展現出一幅幅中外經濟文化交流的精美畫卷，爲海上絲綢之路的研究提供歷史借鑒，爲『二十一世紀海上絲綢之路』倡議構想的實踐做好歷史的詮釋和注脚，從而達到『以史爲鑒』『古爲今用』的目的。

凡例

一、本編注重史料的珍稀性，從《海上絲綢之路歷史文化叢書》中遴選出菁華，擬出版百册單行本。

二、本編所選之文獻，其編纂的年代下限至一九四九年。

三、本編排序無嚴格定式，所選之文獻篇幅以二百餘頁爲宜，以便讀者閲讀使用。

四、本編所選文獻，每種前皆注明版本、著者。

五、本編文獻皆爲影印，原始文本掃描之後經過修復處理，仍存原式，少數文獻由於原始底本欠佳，略有模糊之處，不影響閱讀使用。

六、本編原始底本非一時一地之出版物，原書裝幀、開本多有不同，本書彙編之後，統一爲十六開右翻本。

目録

北户録注

北户録注

三卷

〔唐〕崔龜圖 撰

明抄本

北户録序

右拾遺内供奉陸　希聲撰

詩人之作本於風俗大抵以物類比興達乎情性之源自非觀化察時周知民俗之事博聞多見曲盡萬物之理者又安足以蘊爲六義之奥流爲絃歌之美哉由是言之則古之學者固不厭博博而且信君子難之東平叚君公路鄒平公之孫也自未能把筆夌以指畫地如文字及就七歲夌學果能強力不罷其學尤長仄僻人

所不能知者嫥乎群籍之中仡仡然有餘力閒
者以事南遊五嶺間嘗采其民風土俗飲食衣
製歌謠哀樂有異於中夏者録而志之至於草
木果蔬蟲魚羽毛之類有瑰形詭狀者亦莫不
畢載非徒止於所聞見而已又能連類引證與
奇書異説相參驗真所謂愽而且信者矣噫近
目著小説者多矣大率皆鬼神變怪荒唐誕妄
之事不然則滑稽詼諧以爲笑樂之資離此二
者或強言故事　則皆詆訾前賢使悠悠者以爲

口實此近世之通病也如君所言皆無有是其著於録者悉可考驗此蓋博物之一助豈徒爲譚端而已乎君以予往年從事嶺南備覈其實請予序以爲證予嘗觀圖於書府君狀皃一似鄒平公而又能以文學世其家於乎鄒平公爲有後矣因爲之序而不辭

北户録自録

萬年縣尉段公路纂

登仕郎前京兆府參軍崔龜圖註

卷第一

蛺蝶枝
紅蝙蝠
金龜子
乳穴魚
魚種
水母

卷第二

蚊母扇
鵝毛被
紅蝦盃
鷄毛筆
鷄卵卜
鷄骨卜
象鼻炙
鵝毛脡
桄榔炙
紅鹽

卷第三

北户録目録終

臨安府太廟前尹家書籍鋪刊行

北户録卷第一

萬年縣尉段公路纂

登仕郎前京兆府叅軍崔龜圖註

通犀

通犀山海經云犀似水牛而猪頭脚似象有三蹄大腹黑色三角一在項上一在額上一在鼻上鼻上小而不楕又云鼻上者良韓詩外傳曰太公使南宫括至我渠得駭鷄犀獻紂犀角二一在頂上一在鼻上鼻上者食角也今人呼爲胡褐犀是也抱朴子云犀鮮於山中人以木如其角代之犀不竟後年輒解也又南州異物志曰獸曰玄犀處自林麓食唯棘刺躰薫五肉又含精吐烈望如華燭置之荒野禽獸莫觝置大霧重露下終〻不沾

濡又堪爲釵蠱事見吴均續齊諧記蔣潛得通犀蠱後被豫章王江夫人斷以爲釵薰右遠苑又云宋岑獲通犀蠱賣与庐陵王義負又元康末婦人以犀角璹瑁爲斧鉞戈戟戴之用也挑藥酒酒生沫若貯米飼鷄鷄見輒驚散一呼爲駭鷄犀駭鷄犀出大秦又有離水犀行則水爲之開或中茵箭刺於創中立愈蓋犀食百毒棘刺故也愚重譯於蕃人事皆不虛廣志云犀角之好者称鷄脉白郭子横又云犀角表有光因名明犀置閣中有影色今廣州有善理犀者能補白犀東觀漢記曰章帝元和元年日南獻白雉白犀補時以鐵夾夾定藥水煑而拍之膠爲一躰製梳掌多作禽魚隨意

匠物論其妙至於鑄玉者方之蔑如也又有裁龜甲或背蠵斷日脚者陷黑玳瑁爲班點者亦以鐵鋏煑而用之爲腰帶襯椋子之類其焙淨真者不及也玳瑁切韻字從王女選字從虫歐陽詢飛白從甲愚以甲爲是字詁亦從甲也凡玳瑁甲生取者治毒第一其力不下婆薩石愚曾取解毒立驗南人神之亦甚辟惡與符挾甲相類廣志云符挾如鱗里皮有鱗甲甲可以辟惡也

孔雀媒

雷羅数州收孔雀鷂養之使極馴擾致於山野間以物絆足傍施網羅伺野孔雀至即倒網掩之舉無遺者或生折翠羽以珠力毛編爲簾子拂子之屬粲然可觀真神禽也又後魏書亀茲国孔雀群飛山谷間人取養而食之字乳如鷄鶩其王家恒千餘隻一説孔雀不必疋偶但音影相接便有孕如白鷂雄雌相視則孕或曰雄鳴上風雌鳴下風亦孕見博物志又淮南八公相鵠經曰復百六十年變止雌雄相視目精不轉而孕千六百年形定也又稽聖賦豪豕自爲雌雄缺鼻魯無牝牡即雌兕甝雄而孕是矣又周書曰成王時方人獻孔

鳥方亦戎別名山海經南方孔鳥郭璞注孔雀也宋紀曰孝武大明五年有郡獻白孔雀爲瑞者噫象以齒而焚麝因香而死今孔雀亦以羽毛爲累得不悲夫愚按說文曰率鳥者繫生鳥以来之名曰囮字林音由今獵師有囮也淮南萬畢術曰鵋鵂致鳥注云取鵋鵂折其大羽絆其兩足以爲媒張羅其旁衆鳥聚矣博物志又云鵂鶹（休留）鳥一名鵋鵂晝日無所見夜則目至明莊子云鵋鵂夜撮蚤察毫末晝出冥目而不

見丘山言性殊也人截手爪弃露地此鳥夜至
人家拾取視之則知有吉凶者輙更鳴其家
有殃也陳藏器引五行書除手爪埋之户内恐
爲此鳥所得其鵂鶹即姑獲鬼車鴞鵂類也姑
獲玄中記云夜飛晝藏一名天帝少女一名夜
行遊女一名隱飛好取人小兒食之今時小兒
之衣不欲夜露者爲此物愛以血點其衣爲誌
即取小兒也又云衣毛爲鳥脱毛爲女人昔豫
章男子見田中有六七女人不知是鳥扶匐往

先得其所解毛取藏之即往就諸鳥各走取毛衣飛去一鳥獨不去男子取爲婦生三女其母後使女問父知衣在積稲下得之衣而飛去後以衣迎三女兒得衣亦飛去鬼車一名鬼鳥今猶九首能入人屋收魂氣爲犬所噬一首常下血滴人家則凶荆楚歲時記夜聞之捩狗耳言其畏狗也白澤圖云昔孔子子夏所見故歌之其圖九首今呼爲九頭鳥也毛詩義疏曰鴞大如鳩惡聲鳥入人家凶其肉甚美可爲炙漢供

御物各隨其時雌鷄冬夏施之以美也禮内則田鷄胖莊子云見彈求鷄炙陳藏器又云古人重其炙尚肥美也又按説文曰梟不孝鳥至日捕梟磔之如淳曰漢使東郡送梟五月五日作梟羹賜百官以其惡鳥故食之愚謂古人尚鷄炙是意欲滅其族非爲其美也又淮南萬畢術甑瓦止梟鳴取破甑向梟抵之輙自止也

鷓鴣

衡州南多鷓鴣解嶺南野葛諸菌毒及辟温瘴

前牘文爲白圓點又一名摀音述多對啼每啼連轉數音其韻甚高廣志言遮姑鳴云但南不北如逃闍声云懸壺盧鬓頓古今注云其鳴自呼常向日飛畏霜早晚稀出飛即以樹葉覆其身上也南越志云鷓鴣充鳥也雖復東西迴翔然而命翮之始必也南翥其鳴自號社薄州食之亡癘此三説啼處豈同於牛屋辯哉唯本草説鳴云鉤輈格磔竹客小類文

鷓鴣瘴

廣之南新勤春十州呼爲南道多鷓鴣字林鷓鴣書此

鵡字又江表傳曰孫權曾大會有白頭鳥集殿
前權曰此何鳥諸葛恪對曰白頭公張昭自以
坐中最老疑恪戲之因曰未聞鳥名白頭公請
使諸葛復索白頭姥恪曰鳥名鸚母未必有對
請使輔吳復求鸚父也又說文鸚從鳥嬰声鵡
從鳥母声又曲礼鸚鵡能言不離飛鳥又山海
經云數歷之山其鳥鸚鵡又云廣山有之古似
小兒古脚指前後各兩指扶南徼外有五色純
白純赤者翠衿丹嘴巧解人言有鳴曲子如喉轉者
但小不及於隴右每飛則數千百頭南史云天竺迦毗利
国元嘉五年獻赤白鸚鵡各一頭又漢獻帝傳
曰興平元年益州蠻夷獻鸚鵡三枚各食三升
麻子云此鳥有損無益後詔帰本土食木葉榕實凡養之俗忌以人
手頻觸其背犯者即多病顫而卒土人謂為鸚

鵡瘴愚親驗之咸通十年夏初有三大舶將五色鸚鵡至者南方異物志鸚鵡有三種青者大如鳥曰白者大如鵝五色者大於青者五色者出杜薄州也雖繡羽錦衣而病其胡語昔天監年交州有獻能歌鸚鵡者詔亦不納又張華有白鸚鵡華每行還輒說童吏善惡後家然無言華問其故鳥云見藏甕中何由得知華在外令呼鸚鵡鸚鵡曰昨夜憂惡不宜出户華猶強之至庭為鸇所獲人教其啄鸚脚僮而獲免又逃明錄晉司空桓諮在剃州百桼軍剪五月五日鴝鴝古教令李語遂善能劾人語笑声司空大會吏佐令悉劾四産語無不絶似有一佐鸚臭語雅李李之未似因內頭於貧中以劾焉遂不異也後主典人盜牛肉鴝鴝白桼軍桼軍曰汝云盜盜內當應有驗鴝鴝曰以新荷畧着屏風後檢之果

獲而盜者怨恚以熱湯灌殺之泰軍為之悲傷累日遂請殺此人目空曰不可以禽鳥故而極之於法令止五歲刑也又淮南万畢術云寒皐斷舌可使語寒皐一曰鴝鴿

赤白吉了

某年普寧有廉州民獲赤白吉了各一頭獻於刺史者其赤者尋卒白者久而能言凡笑語悉皆數人斯珍禽也吉了身黑觜赤首戴黄冠善數人笑言声明切於鸜鵒好食鷄飯也子愚按雲物上瑞鳥獸中瑞草木下瑞夫聖人至德所臨則嘉祥必見故前有引赤雀白雀赤烏白烏赤鸞白鸞之流衆矣瑞應圖曰赤

雀瑞鳥也又孫氏瑞應圖曰王者奉己儉約尊事耆老則見秦繆公出狩至于咸陽日稷庚午天震大雷有火下化爲白雀銜緑丹書集公車公俯取其書言繆公之霸訖胡亥秦家世事又禮稽命徵曰得禮之制澤谷之中有赤鳥焉孝經援神契曰德至鳥獸則白鳥下又熊氏瑞應圖曰皇者八妾有序紝緯不差應時之性命則赤鷥銜丹書而至白鷥事略同也愚又見顧野王以遠方所貢赤白鸚鵡編爲瑞者今因録赤白

吉了亦請附焉宋紀曰文帝元嘉中相州獻赤鸚鵡藏榮緒晉書曰義熙中林邑獻白鸚鵡也

緋猨一作蝯

公路咸通十年往高涼程次青山鎮鎮府設以備他盜也其山多猨有黃緋者緋者絕大毛彩殷鮮真謂奇獸夫猨則狙玃猨五百歲為玃抱朴子曰猴壽八百歲繁露曰猨似猴大而黑長前臂猨所以壽者好引其氣也猱猴也狖似猿之類其色多傳青白玄黃而已小說云伍彥為交州時林邑王范能獻青白猿各一口山海經云堂庭山多白猿今三峽有白額猿按樓炭經云鳥有四十五百

種獸有二十四百種白虎通云羽蟲三百六十有六鳳爲之長毛虫三百六十有六麟爲之長今則豈可窮其族類歟其猿能伏鼠論衡曰鹿之角足以觸犬又猴之手足以搏鼠然而鹿制於犬猴伏於鼠亦如淮南子云蝟使虎申蛇令豹止物各有所制也多群行玄者善啼雌黄而啼雄黒也數聲則衆猨吽嘯騰擲姤相去呼焉其音凄入肝脾韻含宮徵方知當去呼一部鼓吹豈獨於鼃聲者哉愚因召獵者捕而養之目爲巴兒極馴不貪食於樹抄間呼之則至但臂長身不便於行而未見通臂者也

後一歲自潘州迴路歷仙虛潘茂真人燒丹之處南人呼市為虛今三日一虛按神農氏日中為市致天下之民聚天下之貨交易而退各得其所蓋取之噬嗑易下係噬嗑合也市人之所聚異方之合耳聞舊山猿啼不食而卒
噫其爲獸之性一何仁耶是知鄧芝感事投弓
故無虛語且梁朝猿卒責食吏遥四日方送鹿
心柿四貫及責玄圃養猿吏云殘林猶獲其子堪
杖四十復引鷄家鵝䰟狗蓋馬惟之事瘞之又
陸機快犬黄耳能解人言常傳書自落至吴終
半月而返及死機爲製衣棺槨殯之村人號爲黄

耳家愚遂斆其事籍之以薪藏之以坎

蚺虵牙

蚺虵大者長十餘丈圍可七八尺多在樹上候麞鹿過者吸而吞之至鹿消即纏束大樹出其頭角乃不復動夷人伺之方以竹籤籤煞之取其膽也亦如巴虵食象三歲而出其骨（金樓子云楚詞云虵有吞象厥大如何）故南裔異物志曰蚺惟大虵既洪且長采色駮犖其文錦章食灰吞鹿腴成養創賔享嘉食是豆是觴言其養創之時肪腴甚肥美

搏之以婦人衣投之則蟠而不起證俗音云艉虵肉食之辟蠱毒元和御覽引括地志云蚺虵牙長六七寸土人尤重之云辟不祥利遠行賣一枚直牛數頭愚按古方刮虎呀治犬咬瘡神効無比未聞虵牙有利於人者抱朴子云蔡誕入山還家云被謫到崑崙崑崙下白虎蜲虵長百餘里口中牙皆三百斛舡大一何壯哉比廣州南海縣每年端午日常取其膽供進虵則諸郡採送録事參親看出之接晋中興書曰顏含嫂病困須髯虵

膽不能得舍憂歎累日有一童子持青囊授舍乃虵膽也童子化爲青鳥飛去以此驗之真膽不可得也近勅令桂賀泉廣四州輪次進焉其膏俗傳不利人其皮可鞔鼓今潮州和鱗爲之聲絶鳴與象皮鼓相類蕃舡上多以象皮鞔鼓鼓長而頭尖狀如棗核謂之椰鼓廣志云象性久別見其子皮必泣一枚重千斤南越志云開寧縣多吳公大者皮可以鞔鼓沈瑩異物志云東南海中吳公長數文敢牛俚人秋冬間遇之鳴鼓与舂堂驅逐之

紅虵

公路至雷州對岸倚舟候風勢見群小兒簇二巨虵各長丈餘一如孔雀珠毛色金翠奪目一如真紅色鮮明若血又有十餘頭白虵前後相次若導從俱入一榕藤竅內竟不復出故知虵有草木水土四種其類不可窮也又歸化縣有兩頭虵南越志云無毒夷人餌之兼名苑云兩頭虵一名越王約髮俗占見之不祥然論衡引楚相孫叔敖天祐者何也會寂又云渾夕之山嚻水出焉有虵一首兩身名曰肥蟦見則大旱

管子曰涸水之精名曰蟡（音威）一頭兩身以其名呼之可使取魚鼈長八尺虵也愚又憶近事韋中令皋鎮西蜀時有黄甘一樹方熟忽數夕衆實皆落唯樹抄一蔕獨存其大如椀枝葉滋茂異於常者園吏具白帝令帝令親視之曰此奇果也非臣下宜食議欲表進令去蔕尺餘折之其實從蔕自落有善醫者昝殷侍立曰凡木實未過持蔕脫者乃實之病也請針驗之帝令再三方許昝殷引針就蔕刺之其實應手而轉殷

則連下一刺血濺盈袖帝令大驚因命破之乃兩頭虵也異苑又云河內司馬元徜元嘉中爲新塗令喪官月旦祭柑化而爲鵶又何怪也

蛤蚧

蛤蚧首如蟾蜍背淺綠色上有土黃斑點若古錦文長尺餘尾絕短其族則守宮博物志云蝘蜓以器養之食以真朱躰盡赤重十斤搗万杵以點女人支躰終身不減滛則点落故号守宮漢武為之有驗也刺蜴捜神記謂之刺蜴蝘蜓證俗音云山東謂之蝀蜆音七賜名敵反陝以西謂之壁宮蝀蜆字見韵集又說文曰在壁曰蝘蜓在草曰蜥蜴古今注一曰龍子善於樹中

補蟬食之五色者曰蜥蜴短大者爲蠑螈一曰蛇
師大者長尺其色玄紺善魅人鄭公虔又云榮
蚖蜥蜴蝘蜓守宮別多居古木竅間自呼其名
四名文榮蚖蛇醫也
聲絶大或云一年一聲驗之非也端州大廳有蛤
蚧州吏云有
未多年至今每鳴或又有十二時亦其類也大
三声或一声不定也
者一尺尾長於身背生鬐鬣行疾如箭傳云自
旦至暮變十二般色傷人必死愚嘗獲一枚閉
於籠中翫之止見變黄碣赤黑四色一云其首
隨時輙作十二屬形乃言之過也

紅蟹殼

儋州出紅蟹 顏之推云訛又或作䲒

即蝤蛑擁劍 證俗音蝤蛑大蟹也音在侯草侯反又古今注云云擁劍一名執大螯赤色顏氏家訓云擁劍狀如螯但一螯大耳異物志俗謂之越王鈴下何遜詩云躍魚如擁劍是不分魚蟹也

彭蜞 證俗音有毛者曰蟚蜞無毛者為彭螖堪食俗呼彭越訛耳世說云蔡司徒誤食彭基吐下謝仁祖曰卿讀尔雅不熟幾為勤斈死螖音滑

倚望 臨海異物志倚望常起顧眺而東其狀如彭螖大行全土四五進輒舉兩螯八足起望行如此青色也

招潮 修文殿御覽記潮小彭螖殼白依潮潮長退皆坎外舉螯不失常期俗言昭潮子也

竭朴 臨海異物志曰蝎朴大於彭螖殼黑班有文章常以大螯障目歷其小螯取食也

沙狗 臨海異物志沙狗似彭螖壞沙為穴見人則走易遁不可得也

蘆虎 臨海水土異物志曰蘆虎似彭螖兩螯正赤不中食

也數九魚右苑曰數九形似彭碁虩取土各作九滿三百而潮至大小殼上爻作十二點深燕支色亦如鯉之三十六鱗耳陳思王云五尺之鯉一寸之鯉但大小殊而鱗之數同其殼與虎蝲堪作罍子虎蝲殼色黃赤文如虎首班至於鸚危螺杯不同年而語也鸚危今多之名見吳均集鸚鶘兩鳥也喙大爲鈎一尺黃赤色受二升堪爲酒杯南越志曰一名越王鳥竺法真登羅山疏曰鳥狀似鶩口句可受二升南人以爲酒杯珍於文螺鳥不餌虫魚惟噉木葉糞似薰陸香按蟹一名蛫音詭廣雅云雄曰蜋螘雌曰博帶抱朴子又云山中辰日稱無腸公子蟹也古今注云小蟹一名長卿廣志云蜅音脯小

蠏大如貨錢又蠏奴如榆莢在其腹中生死不
相離博物志曰南海有水虫名曰蒯蚌蛤之類也其中小蟹大如榆莢蒯開甲食則蟹亦出食蒯合蟹亦還入始終生死不相離也山海經載千里蟹金樓子云天下之大物有北海之蟹洞冥記有貢百足蟹長九尺四螯者
今恩州又出石蟹其類則零陵鷰湘鄉魚建寧
鰕綿谷鼊也零陵石鷰遇雨則飛又庚穆之相州記云湘鄉縣有石魚山石色黑而理若魚開發一重輙有魚形鱗鬐首尾若刻畫燒之作魚膏臭亦如水經云鄖鄉縣西石山出石鰕蝲南越志建寧縣出石鰕也又年代録云石季龍時利州綿谷縣山北溪中有石蘽数千頭登岸畧田苗軍殘毀至今鼊無頭也

蛺蝶枝

公路南行歷懸藤峽（峽即富州界也）維舟飲水因覩嵓側有一木五彩初謂丹青之樹（武陵記辰州高溪有丹青樹直上籠雲下無枝條上有五色葉圓如華蓋王屑云案在辰陽縣也）因命童僕採之頃獲一枝尚綴嫩蝶凡二十餘箇有翠碧緋縷者金眼丁香眼者紫斑者黑花者黄白者緋脉者大如蝙蝠者小如榆莢者（沈佺期賦云二角六足蠕腹狀蛾脉紺縷以玄趐点頳珠以緗稟也）愚因登岸覩之乃木葉化焉是知蝶生江南甘橘樹中（古今注蛺蝶一名野蛾江東人謂之撻末其大黑色）

或青班着名鳳子一名
鳳車一名鬼車是也　麥爲蝇蝶烏足之葉爲
胡蝶皆造化使然豈虚語歟公路嘗見盧員外肇說捉得一粉蝶
如兩手大上有散綠点丁香眼前翅頭兩
畫燕支色後翅爲燕尾分亦蝶之累也　又會
要云大食國西隣大海嘗遣人乘舡經八年未
極西岸中有一方石石上有樹榦赤葉青樹生
小兒長六七寸見人皆笑動其手脚尻着樹枝
其使摘取一枝小兒即死也異苑太元中汝南人
入山伐　見一竹中央蛇形已成上枝葉如故吳
郡桐廬民嘗伐薪遺竹一宿見化雉頭頸盡就身

猶未變此亦竹爲虵虵爲雄也

紅蝙蝠

紅蝙蝠出瀧州背深紅色唯翼脉淺黑多雙伏紅蕉花間採者若獲其一則一不去南人收爲媚藥與象鼻出鱟珠蠬蜂諾龍爲比象鼻出有鼻長二十許而紅其前翼趙塵色副翼為班紅色多在龍眼樹上鱟魚珠廣州記云鱟形如熨斗郭璞云形如惠文冠青黑十三足雌當負雄取之必得其双子如麻子堪為醬即鱟子醬也其珠如栗黄南人或帶或磨飲之云利市蠬蜂生於撖攬樹上自呼其名声響岩谷諾龍雄死雌至出瀧州水族至其前者即跳躍自置諾龍取而食之旁千里殺荒録亦具記

云有五色蝙蝠異物志鼉魚因風雨入空木
而化為蝙蝠其肉甚美靈芝圖說白蝙蝠古今注一
曰仙鼠五百歲則色白腦重集物則頭垂故謂倒桂蝙蝠食之神仙水蟲經云夷道縣毋水遥亭
下有在穴穴中有蝙蝠大者如鳥倒桂典玄中記說略同服之壽萬歲又媚
藥載嗽金鳥辟寒金三国時昆明國貢魏嗽金鳥鳥形如雀凫黄常翱翔
海上吐金屑如粟鑄以成器服官人爭以鳥所所吐金為釵佩謂之辟寒金以鳥畏寒也又宮
人相輔矣不服辟寒金那得帝王心龍子事具蛤蚧布穀脚脛骨媚藥也男
左女右帶之置水中能相隨逐尔雅謂之鳴鳩分人云布穀牝壯飛鳴以翼相擊去鳴鳩拂其羽
鸛腦淮南萬畢術曰鸛腦令人相惡砂棲一名首子能倒行置枕中令夫妻相好事

見陳藏器本草䔄草姑媱山帝女死為其名曰女尸化䔄草其葉葺或言葉相重音亦遙反華箕服之媚於人一名荒夫草此云是也荀草青要之山有草狀如蒼菅似箏也方莖黃華赤實其本如藁本名曰荀草或作苞服之美人色令人更美艷也左行草使人無情范陽常進大業記錯綵蔓花似左行草花葉纖長而多色正赤甚美香也獨未見録紅蝙蝠處豈闕載乎又有無風獨揺草亦生嶺中男女帯之相媚頭若彈子尾若鳥毛兩葉開合見人自動故曰獨揺草本草拾遺具也又陳藏器云榼子蔓生取子中人多食之主蠱毒帶於衣令人有媚多迷人子如土瓜無毛秋熟色赤

形如酒榼也

金龜子

金龜子甲虫也五六月生於草蔓上大於榆莢細視之真金帖龜子行則成雙類壁龜耳事見洞冥記其虫死則金色隨滅如螢光也南人收以養粉云與永粉相宜按竺法真登羅山疏曰金光蟲太如班苗形色文彩全是龜余偶得之養玩弥曰疑此是也又南雍州記白石橋水經南陽結爲池出靈龜色如金縷也王盾亦其論衡又云龜三百歲大如

錢着七寸歲生一莖此神物故生遲也

[illegible]昔乳穴魚

全義之西南有山曰盤龍山有乳洞斜貫一溪號曰靈水洞記曰山曰灵山水曰灵水凿而有灵是以名也且地志山經所不載又出魚無大小修尾四足朱丹其腹游泳自若漁人不敢釣之昔有人窮其源至數日者嘗炬多爲白蝙蝠所撲中若風雨聲習習然皆毛戰不敢進蓋神仙之窟宅豈腥膻者擬容易造乎夫天下名洞三十有六而洞庭林屋當其九也按洞庭林屋即吳王使龍威丈人得禹書之處禹書一日灵宝

經三卷亦曰灵宝符吳王齋戒受之不解其詞
乃遣使賫此以問孔子孔子不發其函而言昔
聞　童謡曰吳王出遊觀古明龍威丈人名隱
居吃上包山人唐攄乃造洞穴竊禹書天帝大
文不可舒今強取之令国虛又
華陽洞是林屋洞之右門也其小者不可勝
言得非名在九微志中世俗所未聞耶其洞有
金沙龍盆魚皆四足修尾丹腹林若守宮游泳
水濱人莫敢犯按御覽云盤龍山天寶六年改
爲龍蟠山山有石洞洞中有石床石盆人每秉
燭遊者嘗見龍跡洞中小水水有四足魚皆如
龍形人殺之即風雨也然唐韻云鰨魚名四足

山海經云人魚如鯑音啼魚四脚出丹洛二水有鯢大者謂之鰕音啼爾雅注鯢似鮎四足聲似小兒但未見言其可致風雨耳公路因思道書説五頭魚張天師二十四治具之三足鹿翔法耳云四明山有白鹿二頭三足即葛仙公桐桃所化皆神化所致不可以類而稱也若以魚之異者則醴水之魚名珠鼈六足有珠呂氏春秋具江賦云赬鱉哺躍而吐璣是也又歷澗潭有五色魚佫以為靈而莫敢捕因謂是水為龍魚水水合沂水又丹水出丹魚先夏至十日夜伺之丹魚必浮水側赤

光上照赫然如火網而取之割血以塗足下則可步履水上[出丹水縣抱朴子具南越志云有魚名臘色黄味美夜即有光一如照燭]又翔法師云鮆[音薺]魚一首十身氣如蘪蕪[山海經河罗魚一首十身皆如犬吠食之已癰也]初學記引魚貍背上有班文腹下有純青海水將潮及天將雨毛皆起潮還天晴毛則伏常千里外可知海潮亦如慱物志云牛魚也又金魚腦中有麸金狀如竹頭魚出卬婆塞江[一名江魚常食麸金]又吴王江行食鱠有餘弃江中為魚今江中有魚名吴王餘鱠者長

数寸大如箸是也又魏武四時食制曰望魚側如刀可以刈草出豫章白髮魚戴髮形如婦人白肥無鱗出滇池又郭延生述征記曰城陽縣城南六里堯母慶都墓廟前一池魚頭間有印文謂之印頰魚非告祠者捕不得臨海志又曰印魚鱗頭上四方如印有文章諸大魚應死者印魚先封之又臨海異物志鯇魚如指長七八寸但有脊骨好作羹滑美似餅大者如竹曝作燭極有光明又比目魚一名鰈音楪一各鰜音兼狀似牛脾細鱗紫黑色一眼兩片相合

乃行沈懷遠南越志謂之板魚亦曰左介介亦作魪唐韵魪比目魚也吳都賦云雙則比目片則王餘陳仲弓異聞記東城池有王餘魚池決魚不得去將死或以鏡照之魚看影謂其有雙於是比目而去異物志南方鏡魚圓如鏡也又異苑云鮊音陷魚凡諸魚欲産鮊魚輙以頭衝其腹世謂衆魚之生母又臨海水土異物志鹿魚頭上有兩角如鹿又云鯪閏反竝魚背腹皆有刺如三角蔆又神異經云黄公魚長七八尺狀如鯉魚晝

在石湖中夜化爲人刺之不入煑之不死以烏梅二七煑之即熟食之治邪病若此之類豈勝言哉

魚種

南海諸郡郡人至八九月於池塘間採魚子著草上者懸於竈煙上魚八九月多於水韭上放子水西菜上放于水西菜即水草也土人呼之未詳至二月春雷發時却收草漫於池塘間旬日內如蝦蟆子狀悉成細魚其大如髮土人乃編織藤竹籠子塗以餘粮或遍泥蛎灰

禹餘粮也蠣灰即異物志古賁灰詘蛎殼又南越志蛎蠔甲也收水以貯魚兒鬻於市者號為魚種魚即鯚鯽鯉鯉之屬鯚魚其鱗如銀肉白如雪脆而且甜偏宜作鰌比中無也故異物志曰南方魚多不肥美唯鯚魚為上作鰌無比作炙尤香美又楚詞注白鰿鮒魚說文作鰿永嘉記作鯽證俗音曰吳人呼為鯽魚也於池塘間一年內可供口腹也愚按陶朱公養魚經曰朱公謂威王治生之法有王水畜第一水畜魚池也以六畝地為池池中有九洲求懷妊鯉魚長三尺者任二十頭牡魚四頭以二月上庚日內池中令水無聲魚必生至四月內一

神守六月内二神守八月内三神守神守者鼈也魚滿三百六十則蛟龍爲之長而將魚化飛去内鼈則魚不復去池中周遶九洲無窮自謂江湖也至來年二月得鯉魚長一尺者一萬五千枚三尺者二十四枚至明年得長一尺者十萬枚長二尺者五萬枚長四尺者二十四枚留長二尺者二千枚作種所養理不相長也又欲令生魚法要須載取藪澤陂湖饒大魚之處近水際土十餘載以布池底三年之中即有大魚此由

土中先有大魚子得水生也又南史云始興盧度字孝章有道術隱居屋前池養魚皆名呼之次第來取食乃去也又拂林國有羊羔生於土中其國人候其欲萌乃築墻以防外獸所食然其臍與地連割之則死唯人着甲走馬擊鼓駭之其羔驚鳴而臍絶便逐水草煬帝欲通之竟不能致貞觀十七年其王波多力遣使獻赤頗黎金精等物又博物志云取鼈剉如棊博赤莧汁和令厚以茅苞之六月中

投扵池澤中經旬變〻成鼈黿也

水母

水母兼名苑云一名蚱一名石鏡南人治而食之云性熱偏療河魚疾也其法先以草木灰退去外肉中有一物或紫或白合油水再三洗之雜以山薑荳蔻煑過其瑩徹不可名狀至扵眞珠紫玉無以比方此物須以蝦醋食之蓋相宜也按博物志云東海有物狀如凝血縱廣數尺無正貟名曰蚱亦無頭目腸藏衆蝦隨之越人

食之稽聖賦云水母東海謂之蛇（音蜡）正白蒙蒙如沫生物皆別無眼耳故不知避人常有蝦依隨之蝦見人驚此物亦隨之而驚以蝦為目自衛也亦如視肉有眼以物摘之則其眼移處（山海經曰視肉聚肉也形如牛肝有兩耳食之尽尋復生也）

北户録巻第一

北户録卷第二

萬年縣尉段公路　纂

登仕郎前守京兆府叅軍崔龜圖注

蚊母扇

端新州有鳥類青鵁而觜大常在池塘間捕魚而食每作一聲則有蚊子群出其口今謂之吐蚊鳥按爾雅白鷁鳥似烏鳥而大黄白雜色鳴如鶴聲廣志云蚊母此鳥吐出蚊也土人云其翅堪為扇維辟蚊子與陳藏器説同又云塞北有蚉母

草嶺南有蚕母木此三色異類而同功南越志又云古度樹一呼那子南人號曰椗日亞反不華而實實從水皮中出如綴珠璫其實大如櫻桃黃耶可食過則實中化爲飛蛾穿子飛出愚驗之亦有爲蚊子者

鵝毛被

邕之南有酋豪多勲鵝毛爲被毛取頂上及腹下嫩毛蒸治之如稻畦衲之其温軟不下綿絮也一云甚宜小兒愚記陳藏器云鵞毛主小兒驚癇疾製者蓋爲此也　按上古十紀有合雒紀教

人宂處白食鳥獸衣其皮毛豈遠夷尚敦古之遺風耶愚憶會要載女國毛屨都播國緝鳥羽以爲服洞冥記云董謁聚鳥獸毛寢家訓云朱詹飢即吞紙寒即抱犬讀書亦事較著者也

紅鰕盃

紅鰕出潮州潘州南巴縣大者長二尺土人多理爲盃或釦以白金轉相餉遺乃玩用中一物也王子年拾遺云大蝦長一尺鬚可爲簪洞冥記載蝦鬚杖馬丹常折丹蝦鬚爲杖後弃杖爲丹石於海傍也王隱晋書云吳復

置廣州以南陽滕循爲刺史或語循蝦鬚長一丈循不信其人後故至東海取鬚長四丈四赤封以示循方乃服也然兼名苑云廣州獻蝦頭杯簡文將盛酒無故自躍乃不復用愚又按毛詩義疏具大者有一尺六七寸今九真交阯以爲杯盤實奇物也六韜商王拘周西伯於羑里太公典散宜生金子鎰求珎物以免君罪九江之浦有大貝百馮詩作朋也廣忠曰海文蠡有大者受一斗南人以爲酒杯又搜神記謝端侯官人少孤爲鄉人所養年十八恭謹自守後於邑下得一大螺如三斗盆將置甕中早至野還見有飲飯湯火處

端疑之於籬外窺見一少女從甕中出至竈下燃火便入問之女荅曰我天漢中白水素女天帝哀卿少孤使我來相爲守舍炊煮使卿後得婦當還今無故相同不宜復留今留此殼貯米可得不乏忽有風雷而去也又異物志蒼鷹螺江東人以為椀也

鷄毛筆

番禺諸郡如隴右多以青羊毫爲筆昭州擇鷄毛爲筆其三覆鋒亦有圓如錐方如鑿可抄寫

細字者昔溪源有鴨毛筆以山鷄毛雀雉毛間
之五色可愛徵其事得非入江淹夢中者乎且
筆有豐狐之毫傳子云漢末筆非文犀之楨必象牙之筦豐狐之毫秋兔之翰
虎僕之毛博物志有獸緣木似豹名爲虎僕毛可爲筆也蚼蛉鼠毛廣志
云可以爲筆鼠鬚均州出羖䍽羊毛邛州取腋下旋毛麝毛貍
毛鄭公虔云麝毛筆一管寫書直行四十張狸毛筆一管界行寫書一百張馬毛嘉州
芊鬚陶隱居燒丹封鼎際用羊鬚筆胎髮弗姫多以小兒髮為柱筆鄭虔云蕭祭酒
常用之又韋仲將筆方云筆柱或云墨池亦曰承墨又有柳筆皮筆鉄筆龍筋金陵
捨遺具爲之然未若兔毫其宣城歲貢青毫六兩

紫毫三兩次毫六兩勁健無以過也今嶺中亦
有兔但纔大於鼠比比中者其毫軟弱不充筆
用是知王羲之歎江東下濕兔毫不及中山又
煬帝取滄州兔養於楊州海陵縣至今勁快不
堪全用蓋兔食竹葉故耳然次有鹿毛筆晉張
華嘗用之不下兔毫按博物志云筆蒙恬所襲
世有短書名爲董仲舒荅牛亨問曰蒙恬作秦
筆管鹿毛爲柱羊毛被所謂蒼毫非兔毫也夫
有筆之理與書同生具尚書中候云龜負圖周

公援筆寫之其來尚

鷄卵卜

邕州之南有善行禁呪者取鷄卵墨畫祝而煑之剖爲二片以驗其黄然後决嫌疑定禍福言如響荅據此乃古法也神仙傳曰人有病就茅君請福煑鷄子十枚以内帳中須臾茅君悉擲出中無黄者病多愈有黄者不愈常以此爲候風土記曰越俗性率朴淳而未散至於有疾不卜問所請言天生天殺婦自然及其意親如合即脱頭上巾幘解腰間王亦刀以厚結之爲交拜親跪妻定交百礼俗皆當於山間大樹下封土壇

祭以白犬一冊雞一鷄子三名曰木下野鷄犬在其壇地民人畏之不敢犯也祝曰天地父母某月某日甲與乙爲及善上下四旁莫不並見卿乘車我戴笠後日相逢下車揖我步行卿乘馬後日相逢卿當下如此者數千言蓋南人重鷄卵也愚又見卜之流雜書傳虎卜紫姑卜牛蹄卜灼骨卜鳥卜雖不法於蓍龜亦有可以稱者按博物志曰虎知衝破又能畫地卜今人有畫物上者推其奇偶謂之虎卜異苑曰世有紫女一書紫姑古來相傳云是人妾爲大婦所嫉每以穢事相役正月十五日感激而死故世以其日作其形夜於廁門間或猪

闌边迎之呪曰子胥不在是其壻名曹夫人亦帰去即其大婦也小姑可出戯捉者覺重便是神來奠設酒果亦覺面貌輝輝有色即跳躁不住能占衆事卜行來蚕桑又善射鈎好則大舞悪便仰眠又魏略曰高句驪有軍事祭天殺牛觀蹄以占吉凶蹄解者凶合者吉夫餘國亦爾又云倭國大事輙灼骨以卜先令如中州令龜視拆占吉凶也又會要曰東女國以十一月為正每至十月令巫者賫酒饌詣山中散麥於空

中大呪呼鳥儀有鳥如雉飛入巫者懷中因割其腹有一穀來歲必登若霜雪必多異灾其俗因之名爲鳥卜武德中其女王遣使貢方物也公路又按子路見孔子曰猪肩牛膊可以得兆何必蓍龜孔子曰取其名也夫蓍者耆也龜者舊也狐疑之事當時問耆舊也又有螺段卜遺

鷄骨卜

南方逐除夜及將發舡皆殺鷄擇骨爲卜傳古法也漢書郊祀志云越祠鷄卜如鼠也今南人憑之頗有神驗每取雄鷄一隻以香米祝

之後即生析其腹削去皮肉或烹取之卜男左卜女右看之其骨有二竅或七八竅左為人右為鬼取陰陽之理也乃以竹簪刺於竅中而審其兆如人如人在上鬼在下為吉人在下鬼在上為凶如人鬼頭相背事遲緩相就事疾速

占古即以肉祠舡神呼為孟公孟姥其來尚矣按梁簡文舡神記云舡神名馮耳五行書云下舡三拜三呼其名除百忌又呼為孟公孟姥劉思真云玄冥為水官死為水神冥孟聲相似又孟公父名憒母名衣孟姥父名板母名稪或云冥公真姥因玄冥也異苑曰舡人曰孟公孟姥利涉之所處奉商賈之所崇仰也荊州送迎恒烹牛為祭桓宣武始鎮陝西不

依舊法發至洌州平乘中江而漂植柂莫制呪請立止公路咸通辛卯年從茂名帰南海陸盡東口行次水程舟人具牢醴以祭舡神請愚為祝詞曰歲在單閼時及朱明柳絮風老桃華水平倚欄檝兮淺岸張布帆兮長汀粤有舟子請禱玄冥孟家遂即建高檣闖左郭列牂牁呼著作召靈胥邀海君對蛟浦而烹牢當鹿床而命爵於是具六味羅八珍羽毛咸備蘇膏必陳剖蜆陸兮合雜剞慱帶兮繽紛螃玉色魚錦文噎鳩餅脆騎驢酒新無非可

口蒹乃着人果則獨根橄欖焦核荔枝三節甘子
睹細腰蹷踏署預象蚰齊素藕鳥椑委盤纂〻堆
案離〻更有越方之儔觧悟之輩或衣朱裳或
塗翠黛奏曲擫絃燃膠蓺蕙初叙詞而迴瞻遂
傳詞而連嗹詞云神下降兮龍驤巫歡喜兮鼎
態駕雷電兮熒煌擁煙雲兮靉靆又曰舡容裔
兮何在槽安穩兮徘徊絶駕波兮此去隨駛潮
兮謁来

象皐灸

廣之屬城循州雷州皆産黒象牙小而紅堪爲笏裁亦不下舶上來者陶真白云凡夏月治土藥亦宜以象牙置邊人捕之争食其鼻云肥脆偏堪爲炙滋味小類猪而含消今之炙也亦不知一割牛心猩猩脣之美也愚按鱔魚裙士林反兩味犀有五肉象有十二肉其膽隨月轉耳陳藏器云唯鼻是其本肉諸即雜肉凡象白者西天有之五真臘有戰象五千頭會要云又供御随國有青象皆中夏無也梁翔法師云象一名伽耶古訓云象孕子五歲始生山海経云性

姤不畜淫子西域記云有一僧行遇群象上樹避之象隨倒樹負之至林中有一病象足瘡而卧引沙門手至所苦處乃竹刺沙門為拔去之裂裳與裹俄頃一象持金函授病象病象轉授沙門發視之乃佛牙也又萬歲曆曰成帝咸康六年臨邑獻象一知跪拜慱物志曰日南四象各有雌雄其一雌死百有餘日其雄泥土着身獨不飲酒食肉長吏問輙流涕有哀狀

鵝毛脡

恩州出鵝毛脡乃塩藏鱊魚音聿其味絶美其細如蝦子郭義恭云小魚一斤千頭未之過也魚大如針蜀人以為醬也又有嘉魚出邑江石穴中魚下至梧州戎城縣氷口絶肥美亦堪為脡左太冲蜀都賦云嘉魚出於丙穴注云丙穴在漢中沔陽縣北有魚穴二所常以三月八月取之丙地名也魚鱗細似鱒魚博物志說同或云魚以丙日出穴故陳藏器云嘉魚乳穴中小魚能久食力強於乳丙者向陽穴多生此魚魚復何能擇丙日出入

耶議者以陳言為是鄺善長云穴口向丙又引栢枝山山有丙穴穴方數丈水有嘉魚常以春末游渚冬入穴故知丙穴之魚不獨褒漢中有也愚按水中之穴通者謂之達據山海經云半石之山合水出其陰其陽多鯈魚其狀如鱖居達水中之穴相交通者鯈音滕

桄榔灸

桄榔莖葉與波斯棗古散古散堪為桂杖榔子檳榔小異其木如莎樹皮穰木皮出麵可食廣志云莎樹出麵華陽国志士郡少殼取桄榔麵以牛酪食之吴録地志云交趾望縣有穰水皮中有如白米屑者

乾為之水淋似麵可作餅臨海志桄榔木作鋥
鋋利如鉄中石益利唯中蕉根致敗物之相伏
加此皮中有如米粉中作餅餌會家又云都
句相似栟櫚木中出屑如麵可啖出交州洛
陽伽藍記云昭儀寺有酒樹麵木得非桄榔乎
南史云扶南国有酒樹似安石榴採
其花計檮着尾中數日成酒醉人也木理有文
堪為握槊局兼名苑云其戲阿育王弟善容造
梁天藍中始來中土然双六賦云
諸葛融開館延兵分曹蓋戲此則吳時已有賦
內警句云若乃位古列星域分堰月或七綖而
七擒或百犯而百伐又崔令欽六博云握槊胡
戲後魏書術藝傳云胡王有第一人遇罪將殺
之弟從獄中為此戲以上之意言孤則易死其
後遂入中国世宗以後大盛於時有趙国李幼
序洛陽丘阿奴皆善之梁武謂之婆羅塞戲胡
謂六為偃數二為嚧嚧今言握槊么么皆轉声

也或妄云曹子建爲之蓋以俱是魏同得罪於兄事迹相似因此疑誤其心似藤心爲炙滋腴極美其鬚可爲帚香潤絶勝椶栟山海經云一名栟樹也書云縛唱國納縛伽藍唐言寺也有佛帚迦奢草作也郭義恭又云醜尉叟可爲帚陶勝力集記說烏帚一名豐賢當

紅塩

恩州有塩場出紅塩色如絳雪驗之即由煎時染成差可愛也公路記鄭公虔云琴湖池桃花塩色如桃花隨月盈縮在張掖西北隋開皇中

常進焉一云十五日以前廿日半以後善也盐按盐有赤盐紫盐
黑盐青盐黄盐書抄云沈約宋書曰虜至彭城与張暢語送白毡赤盐又郭璞
盐池賦曰爛然漢明晃亦霞赤是也又虞世南
書云蔡邕從朔方報羊月書云幸得無恙遂至
徒所自城以西唯有紫盐也續漢書云天笠出
黑盐又比堂書抄引傳物志云北胡青盐但以
味色浮雜為不同耳黄盐安西城北澗中有色如蕪菁華
者鄭虔亦述成之自然國之寶也夫盐本草云牢朓
骨去毒虫明目盐氣戎盐即万畢術累卯是也亦有如虎周官
如印博物志其又通典云九原歲貢印成盐五原貢盐山四十顆又水經云龍城池廣千
里皆為盐而剛聚有大盐方如巨枕者荊
又南史云大同中外国有獻鳴盐枕者楚

記具如石如水精狀若南史月支恒水下有真鹽色正白如水精或朝取暮生又非煑海所致者也

米䴵

廣州俗尚米䴵合生熟粉為之規白可愛薄而復明亦食品中珍物也按梁劉孝威謝官賜交州米䴵四伯屈詳其言屈豈今之數乎耳前朝短書雜說即有呼食為頭梁元帝謝賜功德淨饌一頭云瑤器自蒲金鼎流味漿含都蔗味資石蜜又謝賚功德負一頭云天廚淨饌菴羅法果又劉孝威謝賜聖僧餘福果食一頭云人五杏七桃美瓜仙事以魚為斗梁科律生魚若干斗茗為

簿為夬盂責茗一百夫薄又梁科律薄若干夾云云筆為雙為床為
校搜神記云益州西有神祠自稱黄石公祈禱著持一百帋一奴筆一丸墨先聞石室中有
声便具告幽不見形也南朝呼筆四管為一床梁簡文帝答徐璃書云時設書幌作置筆床梁
令云寫書筆卅枚一萬字墨為螺為量為九為枚陸雲與兄書令送墨
一螺婦人集汲太子妻季與夫書云致尚書墨十螺梁科律御墨一量十二丸皇后妃一量一
百丸蔡質漢官儀曰尚書令僕丞郎月賜偷麋大墨一枚小墨一枚宋元嘉中格寫書墨一九
限二十萬字帋為番為幅為枚湘東啓上荊武帝万幅筆四百枚簡文帝
集綱啓謹奉紅牋二千番陸倕有謝安成五賜西蜀箋帋一万幅梁簡文帝文云特送四色帋三
方枚湘東王會最云晋宋間有一種帋或一幅長丈餘言就舡中抄之世謂甀帋又云張載帋

銘並紙称必畨紙字
從糸察倫作紙從中
布為皷
梁祖布五丈度曰
取薄布一十疋為
一
鼓
錦為兩
牟俭云弊錦千兩為一兩一兩一疋
二大為端也左傳云歸夫人重錦三
十兩注錦〃二丈双行
故日兩三十疋是也
衣為裁
陸倭謝安成王
楚越衣二裁沈
紗有謝蔔
衫二裁也
袈裟為緣
梁文帝云蒙竟鬱金泥細
納袈裟一緣忍辱之鎧安
施丸種协德之
衣慙愢八法
奴為頭
簡文帝書言安吉王餉
胡子一頭云方言異俗
極有可觀山高海深究在其皁
梁科律文云奴一頭婢一頭
麤為子蠟為䴵
麤香如手哥蠟如手
䴵齊建試四年事
檳榔為口胡桃為子為口
陸僊謝安成王賜檳榔二十口又謝胡桃一千
子又沈約謝賜臣交州檳榔千口云龍編嘉實
厥包
遐遠
其事不可備論今高州多抹謂為麻䴵絕

宜人味極芳美方言云人謂薯蕷為儲是也又
都播國土多百合亦有取根以為粮者事見會
要本草
云署預一名山芋山海經云景山名諸薁江南
單呼為諸語有輕重也其法採諸去外夜磨之
曝乾為粉臨用時別取謂顏之
磨取溼者溲之他如麵法瓊州溲為湯餅推又
云薁兒哭今去黑皮以
為粉作湯餅

食目

韶州巢有蕪菁郡人採之為葅脆而且甘不失
北中味也方言豐蕘蕪菁也陳楚之郊謂之豐
齊魯之郊謂之蕘關之東謂之蕪菁
趙魏之間謂之太界郭璞注豐音蜂江東音菘
又云紫華者謂之蘆菔證俗音曰熒芦菔蕪菁

屬紫花大根俗呼為雷葖也　愚按顧啓期婁地記曰薛山者
昔有薛伯道居此山不知何時人好稼植緣海
散蕪菁子今海邊尚有此菜云伯道所種又按
司馬相如凡將篇謂為葑菁當門證俗音莫小學篇
曰葑音勿菁會家又云以子江南種變為菘菘子
黑蕪菁子紫赤也又據南朝食蕢中有芥子醬
蘆菔根葅菘之類是江南為菘驗也證俗音云小李章作
菘今番禺唯韶州產蕪菁林擒木瓜廣志云一名黑琴似
赤柰齊民要術曰林禽一擓為麨尒雅云楙木瓜
也賈思勰云凡書廚中安麝香木瓜即無蠹

勤州出栗子形味俱劣一年栗方熟群鶡鴉至其啄食似盡賓州出梨
梨大如拳有類浙東成家梨可蒸而食乃皮厚
肉硬又非哀家梨也縉雲成家出此梨因以為名世說云桓
南郡玄每見人不快輒嗔曰君得哀家梨當復
不蒸不食舊語秣陵有哀仲梨甚大如升入口便消言愚人不別味得好梨而蒸食
也廣之人食品中有團油飰凡力足之家有產婦三日足月及子孩
脺為之飰以煎蝦魚炙鷄鵝煮猪羊鷄子羹餅灌腸蒸腸菜粉餈粔籹蕉子薑桂鹽豉之屬裝
而食之是也衉說文云羊凝血也音口紺反今廣人生以五味酢食之按證俗音云南謂
凝牛羊鹿血為衉以韲嗽之消酒也蟻子醬蚳醢也今山源閒有蟻子於芽根下為窠

者收卵為醬也

老鹹齏採老菜以飴和鹽藏之一如常法有入蓬心者其甕埋於池塘閒至三年菜色如金土人所重

蛤臛理如常法蛤即蛙也周書腐草為蛙陶注本章青春者曰主鴨黑者南人呼為洽子南史卞彬為螺蟇賦云紆青拖紫名為蛤魚以諷令僕漢書言鄭杜之閒水多蛙魚人得不飢又宋書張暢弟為猘犬所傷豎云食蝦蟇鱠可愈而弟有難色暢先食而弟方食果能愈疾即知前古之人食蛙久美又衝波傳蝦蟇無腸龍蛇屬也抱朴子云千歲者領下丹書八字南史丘傑列傳又云蝦蟇有毒憂中得三丸藥後服之下科斗子之升傳物志所謂東南之食永產有龜蛤螺蚌藪為殊味不竟其腥膆令按蛙維惟熱甚補人人有折其足於瓶中以水養之不三五日其損如故亦有以蘇煎食者是也

褒牛頭南人取嫩牛頭火上燂過證俗音炙去毛為燂似廉反復以湯

毛去根再三洗了加酒豉葱韭煑之候熟切如手掌片大調以蘇膏椒橘之類都内於瓶瓮中以涅涅過煻火重燒其名曰褒愚曾於衡州食熊蹯大約滋味小異而不能及又按南朝食品中有奥肉法奥即褒類也先以宿猪肥者臘月殺之以火燒之令黃煖水梳洗削刮令淨剗去五臟猪肪煼取脂臠方五寸令皮肉相熏着水令淹没於釜中炒之肉熟水盡更以向肵爓肪膏煑肉脂一升酒二升盐玉升令脂没肉緩火煑半日許漉出瓮中餘膏寫肉瓮中令相淹食時水煑令熟切作大臠子調和如常肉法尤宜新其二歲猪肉未堅爛壞不堪作

又有涎暗煎肖法方言熬煎炒倫大乾也取字崔寔四民月令作灼古文

可字作平力反書此陷炙糟範炙毛淹魚白瀹
肫法藥名煮也顏之推云瀹白煮肉亦雅注作灼字合豐鷄合豐白肉窖
毛煎魚臨臉盧減反臨臉法用猪腸経沸湯出三寸斷之決破細切熬之與水沸
下豉汁研末葱薑椒胡椒蒜下盐酥等子細切血將奠與之旱與血則奕也下淀奠
有蟬臛乃古人爵鸚蜩花之類也薄夜餅用鷄臛曼頭餅齊民要術
書上字東晳餅賦其槾頭字雀喘餅用酢⿰禾尞九餅渾沌餅要術
書上字廣雅曰餛飩也字苑作餫顏之推云今之餛飩形如偃月天下通食也夾餅安
寒時肉夾有心要脂煮者糖蟹法周礼蟹蝑音赦九月中取母蟹着水中勿令傷
損及死一宿腹中淨久則吐黄吐黄則不佳也
先煮薄飴飴餳也着活蟹冷糖中一宿煮蓼湯

和曰鹽極鹹待冷篾盛平汁服糖中蟹内着盐
蓼汁中便死蓼置着小多則爛泥封二十日出
之舉蟹齊着薑末還復齊如初内着泔中百箇
一器還川前盐蓼汁澆之令沒密封勿令漏氣
便成美特忌風中則壞而不美蒸炙牛胘户堅反老牛胘厚而脆剗穿痛蹙令聚逼
火急炙令上劈烈然後割之則脆美
若挽令伸舒微火遙炙則薄而且肕經去跳丸
炙如彈丸炙煮之皮脯馬腸鹿尾尺炙筒炙衘炙法鹿
角菜葅紫菜葅爛畔盧龍時縫云云葛鑽説文云鑽令呼美和飾為
之水波餅要術云立秋每食煮餅及水波餅餅唯酒引餅入水爛水波得水唯消也
又果蓂合子有寒具證俗音⿺走壽⿺走婁內圓呼為環餅亦呼寒具鄭玄注周官
有寒具本知是⿺走壽⿺走婁否力田反力走反
百支糦截餅黃方柏饊饊急

就篇飴餳說之曰熬稻餦餭也音散桑但反廣
雅釋糀饊也證俗音云今江南呼饊餅已煎米
以糖餅之者為
粰糀也音浮流白甘脆赤牒棗剝棗胡麻糖雀
頭糖廉薑鬼目蜜檳榔周城雜字曰檳榔果也似螺可食益智
甘蕉甘欖根緣羊梅今瓊崖高潘州以糖煑嫩
大腹檳榔辯州以蜜漬益智子食之亦甚美按字
苑曰雜藏果也音素感反顏
之推云今以蜜藏雜果為粽又有都念子花似
紫蜀葵實如軟棗拾遺云甚甘美益人隋朝植
於西苑中印度出那核婆果大如冬瓜熟則果
赤剖之中有十小果大如鶴卵更又破之其汁

黄赤其味甘美或在樹枝如衆果之結實或在樹枝若伏苓之在土又波斯卒果葉長五六尺果堪食狀如人手樹高丈五葉堪作食箄又頻那婆果生樹後大如八石甕味甚甘食之便醉九日而蘇見會冣也愚又思束皙餅賦餢飳當音部注⿰飠道燭顏之推云今內國餢飳以油蘇煑之江南謂蒸餅為餢飳未知何者合古腅國語云主孟啗我腅字林曰腅肴也音大濫反之推又云今內國猶言餅腅及按方言江南有鹿筋腅及臛之類

又韓肉本注出韓國為之如羹而少汁加酢也
㜸女字林曰饋女也音乃管反證俗音云今謂
女嫁後三日餉食為餪女也

䁘菜

䁘菜五六月生於田塘中葉類茨菰根如藕梢
其性冷土人採根為鹹葅食之或云好䁘郭子
橫云五味草初生味甘花時酢食之不便人䁘
亦名却䁘草又神異経云四味木一名如之何
其實有核形如棗子長五寸金刀割則苦竹刀

割則餡木刀割則酸蘆刀割則辛此說小類五味草也（又御覽顧凱之啓蒙記曰如何隨刀而改味也）

水韭

生於池塘中葉似韭有二三尺者五六月堪食不葷而脆得非龍爪薤乎（郭子横云龍爪薤有長七尺者）字林云蕿（音嚴）水中野韭也又莕（音吟）見字林似蒜生（水中）鄭虔云薤辛除園河西長二尺塞北山谷間多孝文韭軍人食之（周孝文帝所植）如渭水源諸葛亮韭亦諸葛所種也酈善長又云平樂村五六里至

東亭杜北山甚高峻上合下空東西廣二丈許高起如屋中有石床傍生野韭人往乞者神許則風必偃之方可擷也如過越不偃而擷者有咎盛弘之荊州記亦具文小異

蕹菜

葉如柳三月生性冷味甜土人織葦篺長丈餘闊三四尺植於水上其根如萍寄水上下可和畦畫也陳藏器又云蕹菜味苦平無毒主解胡蔓草毒胡蔓即冶葛也本草云鉤吻又名冶葛用羊血土漿解之南州

異物志曰但賊呼野葛為鈎挽鄭廣文又曰人自來求死者取一二葉乎按汁出飲之半日死羊食苗大肥亦如巴豆鼠食則肥乃物有相伏如此者先食蘿菜後食野葛二物相伏自然無若取汁滴冶葛苗當時瘀死廣州記曰菜水生以為菹土人重之愚按廣之菜有掉字林掉辛菜也東風廣州記菜陸生置肥肉作美味如酪香氣似為蘭又左思兵都賦東風扶留是也蘁音戟風土記曰蘁杳菜根似菜根蜀人所謂菹香也越絶書蕺山越王勾践種蕺処葯音鳧莧莢苗也東觀漢記王莽末南方枯旱民餓群入野澤掘莧莢而食之類無足奇者是不復遍録吳志曰孫皓時有賣音買菜生高四尺厚三寸分 如琵琶形兩邊生葉皓以為

平慮晉安帝紀曰義熙二年有苦蕒菜生楊州
中興書曰草妖也是後歲歲征國初建達國獻
代民人梢若苦蕒者買苦也
佛土菜一莖五葉花赤中心正黃而蘂紫色泥
婆羅國獻稜類紅藍實似蒺藜火熟之能益食
味又醋菜狀似慎火葉闊而長味如美酢絕宜
人味極美

班皮竹笋

湘源縣十二月食班皮竹笋滋味與比中七八
月笋芽小類但甜脆過之諸笋無以及之吳錄

云馬援至荔浦見冬笋名曰苞笋其味美於春夏笋也即鷄脛竹笋博物志曰班皮竹洞庭之山堯帝之二女以涕揮竹竹盡班也尔雅曰笋竹之萌說文曰笋竹胎詩義疏笋皆四月生也巴竹笋八月生箘 竹笋冬夏生永嘉記含墮竹笋六月生箘竹譜棘竹落人鬚鬢愚按山海經竹生花其年便枯六十年一易根必結實而枯死實落土復生六年還成町也竹譜曰竹不剛不柔非草非木箹必六十復復亦六年是也九種竹

正二月劚取西南根東北角種之竹性向西南引也齊人要術曰諺云東家種竹西家治地故也南中有以竹為刀錯子者錯子即篾簩竹皮爲之錯指甲利勝於鐵機巧李衎推昉云如小鈍復以漿水洗之如初刀子竹裴淵廣州記云石林竹勁利削為刀切截象皮如截芋也公路襄州宜城縣木香村有莊咸通初忽生異竹第一年生九竿第二年生七竿尔來歲歲有也作深栀黄色每節及枝上並抹綠解鐙其笋甚美按顧凱之譜中亦無說

處異苑曰東陽留道德元嘉四年節竹林忽生連理野人無知謂為禍崇伐煞之公路乾符初経過夏口時有人獻合歡笋於帝公尚書者自一本分為兩岐長二赤餘乃笋之瑞也公命公路為七字句歌之詞繁不載愚傳聞貞元五年秋番禺有海戶犯塩禁者避罪於羅浮山深入至第十三嶺（山有十五嶺四百三十二峯九百八十三飛泉洞府也）遇巨竹百千萬竿連亘巖谷竹圍二十一尺有三十九節節長二丈即由梧類也海戶因破之為筏

會罷吏捕逐逐挈而歸時有軍人獲一篋以為奇者後獻於刺史李復復命陸子羽圖而記之亦資耳目之事一也舊記云李公顧謂門生廣州桑苧翁曰夫視聽之外経籍未録不合有而有者不知其極況茲竹載在圖記不足奇也漢太尉許慎說文有長節竹謂之苁音鐘一本作籦得非羅浮山龍鐘之義耶桑苧翁前席而言曰頃天寶末有常長史盧舟寓於廬山瀑布泉時夏月多雨見瀑布之中流出一桃葉闊五寸長一尺

二寸至德初徐正字凝於海盐縣白塔山沙渚
之上得一桃核片可貯一升則知草木在山海
之間有異形殊狀者多矣又若決明槙火在中
原爲蘇虋蕘莧之屬若生嶺嶠南山澗無非高
樹葳有十歲者經二尺圍與彼不異

北户録卷第二

北户録卷第三

萬年縣尉段公路纂

登仕郎前守京兆府參軍崔龜圖註

無核荔枝

南方果之美者有欐支（衛洪七閩白蒲桃龍目獅子欐支作此字）梧州火山者夏初先熟而味小劣其高潘州者㝡佳五六月方熟有無核類鷄卵大者其肪瑩白不減水精性熱液甘乃奇寶也又有蠟荔支作青黃色亦絶美南越志云荔枝洲有焦核黃蠟

者爲優故廣州記曰荔枝如鷄卵大殻未肉白五六月熟核若鷄舌香陳藏器曰荔枝樹如冬青實如鷄子核黄黑似熟蓮子實白如肪甘而多汁百鳥食之爲肥極宜人廣志云焦核胡㨟此冣美次有鷩卵焉其樹自合抱至數圍大者材中梁棟其堅即佉陁等木無以加也嶺中荔枝纔盡龍眼子方熟大如彈丸皮褐肉白而味過甜俗呼爲荔枝奴非虛語耳修文殿御覧云龍眼子一名龍目左思蜀都賦云旁挺龍目側生荔枝也又西京雜記曰尉佗献高祖

鮻魚欐枝髙祖報以蒲桃錦四疋

注變柑

新州出變柑有苞大於升者但皮薄如洞庭之橘餘柑之所弗及傳云本自髙要移植不數百里形味俱變因以爲名論其美眞所謂厥苞橘柚精者柑見郭璞讃文馬援好事至荔消見冬筍名苞筍上言禹貢厥苞橘柚疑即此也亦如踰淮爲枳乃水土異也愚按呂氏春秋果之美者江浦之橘其山之東清馬之所有櫨橘焉說文櫨橘柚也又郭璞曰蜀中有給客橙

即櫨橘冬夏花實相繼風土記柑有黄者赭者赭赤謂之胡柑今之多引江陵千樹橘為木奴事此漢書云其人與千户侯等且襄陽記李衡為丹陽太守衡密遣十人於武陵龍陽洲上作宅種柑千樹臨死勅兒曰汝母惡吾治家固窮如是吾州里有千頭木奴不貢汝衣食歲上一疋絹亦足用耳吴末衡柑成歲得絹數千疋據此非橘明矣據雜書如翰林要海御覽賈思協皆列在黄楷門中愚又按諺云木奴千無凶年要術云蓋言果實可以市

市易五穀此即木奴之號果之都稱者也

山橘子

山橘子冬熟有大如土瓜者次如彈丸者皮薄下氣晉寧多之南人以蜜漬和皮而食作琥珀色滋味絶佳豈比漢人之吴合皮啖橘以為笑也其葉煎之和酒飲亦療氣神驗愚憶上擅臨海異物志曰鷄橘子如指頭大味甘永寧界中有之又裴淵廣州記羅浮山有橘夏熟實大如李又云羅浮有壷橘十種豈其一歟廣州記又云荔枝壷

橘珍
之上
南今有枸櫞皮煎椰子煎皆奇味也異物志枸
櫞實似橘皮不香椰子去其外皮及穀有白龐食之如北中生胡荽味又有白漿如乳人亦食之異物志曰椰子有如兩眼俗人謂之越王頭南人取為瓶子杓子等器枸櫞子即交州黃湠子橘柚類也

橄欖子

橄欖子八九月熟其大如棗廣志云有大如雞子者南人重其真味一說香口絕勝雞舌香詩義疏梅亦可含而香口又廣州薑亦可香口亦堪煑飲飲之能銷酒煎法劉去兩頭煨過煑之甚香美其樹聳捘其柯不喬有野生

者高不可梯但刻其根方数寸内少許塩於中一夕子皆落矣今高涼有銀坑橄欖子生於銀坑之側相傳是馮盎之家昔掘地遇銀於此細長多味美於諸郡産者其價亦貴於常者数倍也愚按南越志博羅縣有合成樹樹去地二丈爲三衢山海経云四衢東向一衢為木威南向一衢為橄欖西向一衢為王文顧徽廣州記曰木威高大子如橄欖而堅削去皮以為粽廣志書此橄欖字南州異物志作此橄槄字陳藏器云其木主鯢魚毒此木作檝撥著鯢魚皆浮出其相畏如此人中鯢

魚肝子毒者必死也

山胡桃

山胡桃皮厚底平狀如檳榔其人如扶客頭味次陰平樂遊胡桃別作杏膏香但不耐停耳廣志云陰平胡桃皮脆急投之即碎其蝦蟇皆見柳世陰謝樂遊胡桃云胡羯奔逃吉之先見者也鄭虔又云山胡桃無穰實心磨之可為印子擴說即非南山中胡桃也

白楊梅

楊梅葉如龍眼樹冬青一名朹音求潘州有白色者甜而絶大鄭公虔云越州客山有白熟楊梅兼名苑云東興縣有大如鷄卵楊梅博物志云地有章名則多楊梅得非誤耶南越志安章縣白蜀里多楊梅求之曰白蜀去章遠矣吳興記曰故章縣北有石榔山出楊梅常以貢御張華所謂地名章必生楊梅蓋謂此也

偏核桃

占畢國出偏核桃形如半月狀波斯取人食之絶香美極下氣力比於中夏桃仁療疾不殊會

家云偏桃仁勃律國尤多花殷紅色郎中解忠順使安西以蘿蔔揷接之而生桃仁肥大其桃皮不堪食解忠順郎中使安西以異木枝揷蘿蔔至此皆活又吐谷渾有桃如一石甕大者貞觀二十一年三月十一日以遠夷各貢方物其草木雜物有異於常者詔所司詳録焉葉護献馬乳蒲桃一房長二尺子亦稱大其色紫康國又献金銀桃詔令植於苑圃

紅梅

嶺之梅小於江左居人採之雜以豆蔲花漏蔲花白色德尖微紅南方草木狀曰漏蔲樹子大如李實二月花七月熟出興古書此字又劉欣其交州記作賨蔲廣志作豆蔲字也枸櫞子朱槿之類顏之推云枸櫞子似橘大如飯簇字林音矩櫞又按梁朝上饌榛奠合子内有襆櫞是也又朱槿四時常有花可食此蕣木也一名堇一名櫬莊子云朝菌又張華云君子国多蕣華之草朝生夕死和塩曝之梅為槿花所染其色可愛今嶺北呼為紅梅是也又有選大梅刻鏤缾罐結帶之類取棹汁漬之梓木葉煑其葉呼為棹汁按梅有葉花梅用心栫麗文梅品第絕多亦甚甘脆按鄭公虔云婆弄迦水出烏萇國

發地叢生葉大如掌花白而細絶芳香子如升大花披之時人即雕畫尾灌承花候其子長滿灌中即破而取之文彩彬煥與畫灌相類便以獻王亦猶中國鏤梅諸国所無也

五色藤筌蹄

瓊州出五色藤合子書囊之類花多織走獸飛禽細於錦綺亦藤工之妙手也次盧亭（盧亭即盧循之苗裔也）紉白藤爲茶器新州作五色藤筌臺皆一時之精絶昔梁劉孝儀謝太子五色藤筌蹄一

枚云炎州采藤麗窮綺縟得非箋臺與箋蹄語訛歟按侯景篡位着白紗帽而尚青袍或牙梳插髻牀上常設胡牀大業記帝九月自北塞還東都賜文武官各有差改胡牀為交牀改胡瓝為白露黄瓜改茄子為崑崙紫瓜也及箋蹄今海豐歲貢五色藤鏡匣一箋臺一是也又本行經云可龍女名屋連荼耶上太子寶箋提太子生之食乳糜已擲鉢河中天帝取歸忉利供養以立鉢節佛經又云太子第七日據箋蹄生受與耶輸陁指印環云云

香皮紙

羅州多棧香樹身如杞柳其華繁白其葉似橘皮堪搗為紙土人號為香皮紙作灰白色文如魚子牋今羅辨州皆用之三輔故事云衛太子以紙蔽鼻前漢已有之非蔡倫造也此蓋言甚普不云創也又和熹鄧后貢獻悉斷歲時但供紙筆帝已然則其用久臭但不知何物為之按王隱晉書曰王隱沓華恒若槐太和六年可問張揖土古今字詁其中却云紙今帋也古之素帛依書長短隨事截絹放数童沓即明幡紙字從糸此形声貧者攏之做路温舒藏滿篋書也和帝元興元年中常侍荼倫剉搗故布綢抄作帋字從巾又是其声雖同系中則珠不得言古帋為今帋又山謙之冉陽記曰平準署有紙官造帋古以縑素為書記又以竹為簡牘其貧諸生或用蒲為牒之瑤山玉彩亦具小不及桑根竹莫紙睦州公出之木

皮紙日本国出側理紙也側理陟釐也後人訛呼釐為側理即苔也事見張華
又尓雅曰苔石衣也郭璞生水苔也一名石髪江東食之又瑤山玉彩載薜道衡詠苔紙詩云
昔時應春色引緑泛清流今來承玉管布字轉銀鈎又嘗讀謝康樂山居
賦云剥芠音及巖椒言芠皮可為紙未詳其木也
又扶桑国在中国之東二萬里其土多扶桑木故以為名扶桑葉似相初生如筍国人食之實
如梨而赤績其皮為布以為衣亦以皮為帋齊永元二年其国有沙門慧深来至荊州者其
香即會冣云沉香青木鷄骨馬蹄棧香黄熟香同
是一樹如一木五香根檀節沉子鷄舌葉藿膠
薫陸也金楼子云衆香共是一樹又俞盜期踐曰衆香共一木又真誥経

云屢燒香左右令人魄正故隱居云沉香薫陸夏月常燒此二物梁簡文時扶南信有沉香一婆羅一云婆羅丁五百六十斤也案浴佛功德経云牛頭旃檀芎藭欝金龍腦沉麝丁苷以為湯置淨器中次第浴之及旃檀云王有疾醫須旃檀汁旃檀枝葉根莖除一切疾本草云白檀消風熱腫又無名詩集武舍人中行云胡從何等来氍毹毾㲪五木香證俗音云毦數毛席也書此字又通俗云織毛褥也觀畧云大秦国以野蠒織成青黃白黑緑紫絳紺金黃縹留樹十種氍庭又通俗云白氍毹細者謂之毾㲪又

書云氍毹施承床之前小榻之上也又異苑云
沙門支沉存有八赤沉香具不有八赤氍毹百種形象
迷迭迷迭香大秦出魏文帝曰余挂迷迭於中庭嘉其揚條吐秀馥有香芳又陳琳賦曰
方果菓之阿那鋪綠葉之蛇蟺艾納艾納出驃國此香燒之歛香氣能分不散直上似細
艾也及都梁都梁香荊州記都梁縣有小山山上清水淺中生蘭草俗謂之都梁即以
縣名馬唯交州異物志曰密香欲取先斷其根經
年外皮爛中心及節堅黑者置水中則沉是謂
沉香次有置水中不沉與水面平者名棧香其
最小麤者名曰櫱香佛經所謂沉水者也又南
越志謂之香木出日南也

抱木屧

抱木産水中葉細如檜其身堅類於栢惟根軟不勝力鋸今潮洲新洲多剖之爲屧或油畫或金漆其輕不讓草屧齊民要術云青白桐村者並堪師畏者皆着本屐録友始嫁漆畫爲屐五米爲系也又按梁武小說介子惟逃禄隱跡抱樹燒死文公拊木哀嗟裁而製屐每懷割股之功輙俯視其屐曰悲乎足下足下稱將比起乎案翔法師書云欇一名水松生水中無枝形如笋亦曰松抱今爲屧是也又陳周弘正謝夾漆松抱屧云蒙此慈錫便得輕舉

紅藤簟

瓊州出紅簟一呼為笙或謂之籧篨亦謂之行唐方言曰簟宋魏之間謂之笙或云籧曲自闗而西謂之簟其粗者謂之籧篨行唐以籧篨直文而粗自闗而東周洛楚魏之間謂之倚佯佯音陽也南越志云桃枝南入以為笙郭景純曰簟以簟箯杖以扶危又簡文集有謝桃枝笙竹席箋沈約彈敘令仲文秀橫訂吏黃法先輸六赤笙四十領其色殷紅瑩而不垢或云梁藤所製編織精華又不如溪鵲紅席灣中溪鵲山去餘桃岸千餘里上有女符道士四五百人李道梁時遣使獻紅席此章者紅鳥君其下故以為名耳笭散卧簟簡文謝云筠篁多品篠蕩雜名椰子坐席亦有卧席具吳筠集又沈約謝賜大甲坐

卧簟蒲褥筍席王倹贈宗花紈卧簟月支毛席測見南史
竹帖西京雜記會稽洪御竹簟
陸倕流黃簟象牙席世号為流黃簟神仙傳淮
集其南王為八公以為優劣歟
設象牙席

方竹杖

澄州產方竹躰如削成勁健堪為杖亦不讓張騫筇竹杖也其出融州亦出大者數丈正聲集云南方有方竹杖白蟬噪其上陳貞節嘗詠之又海晏地各出蘆堪為柱杖高潘州出千歲巌柱杖小類貝多更有踈節竹五六赤一節僧道多以為杖

背奇物又按會最云溱州通竹直上無節空心
也

山花燕支

山花叢生端州山崦間多有之其葉類藍其花
似蓼抽穗長二三寸作青白色正月開土人採
含苞者賣之用為燕支粉或持染絹帛其紅不
下藍花作燕支法採花於鉢中細研着少水以生絹挼取汁於通油瓷瓶中文武火煎
之候花滓上旋採取金絹囊中濾乾用如常燕支注云本傳物志有作黃藍烟支法通典云今
漢中歲貢紅花百斤燕支二升習鑿齒與謝侍中書云此有紅

藍足下先知之否北方人採取其花染緋黃接
其上英鮮者作烟支婦人裝時用作頰色作此
法大如小豆許而案令遍色殊鮮明可愛吾小
時再三過見烟支今日始覩紅藍耳後當為足
下致其種匈奴名妻閼氏言可愛如烟支也閼
字音烟氏字音支想足下先亦作此讀漢書也
西河舊事歌曰失我祁連山使我六畜不蕃息失我爲支山使我婦女無顏色 又鄭公
虔云石榴花堪作烟支代國長公主睿宗女也
少嘗作烟支棄子於階後乃叢生成樹花實敷

芬既而歎白人生能幾我昔初笄嘗為烟支棄其子今成樹陰映瑣闥人豈不老乎鄭公虔云塗林花有五色黄碧青白紅如杏花漢東都尉于吉獻一株花雜五色云是仙人杏今嶺中安石榴花寔相間四時不絶亦有紺者古今注云燕支葉似薊華似蒲云出西方土人以染名為燕支中國人亦謂紅藍以染粉為婦人面色謂之烟支粉博物志云張騫使西域還得大蒜安石榴胡桃蒲桃沙葱首蓿胡妥黄藍可作燕支也紅花亦出波斯疏勒河禄國今梁漢家上每歲貢二萬斤於織染署

鸛子草

鶴子草蔓花也其花麴塵色淺紫帶葉如柳而小短當夏開南人云是媚草甚神可比懷草夢草似蒲晝縮入地夜乃出亦名夜草懷之則知夢之吉凶立驗也漢武思李夫人東方朔乃獻一枝帝懷之夜夢夫人因改此名為懷草也夢芝習鑿齒襄陽耆舊傳曰襄王夢一婦人曰我夏帝之季女也名瑶姬未行而死封於巫山之臺情魂為華摘而服為人必與媚而服焉必興夢其家在宜城縣採之曝乾以代面靨形如飛鶴狀翅羽觜距無不畢備亦草之奇者草蔓上春生雙虫常食其葉土人收於奩粉間飼之如養蠶法虫老不食而蛻為蝶蝶赤黃色女子佩之如細

爲皮号爲媚蝶郭子横記勒畢國獻細鳥以方赤玉籠盛數頭形大於蠅狀如鸚鵡聲聞數百里之間如黄鵠鳴也國人以此鳥候日咎亦曰候日虫帝得之旬日飛盡明年有細鳥集於帷帟或入衣袖因名蟬衣宮内嬪御有鳥集其衣者輙蒙愛幸至武帝末稍稍自死人服其皮者多爲丈夫所媚余訪花子事如面光眉翠月黄星靨其來尚矣面光且無名詩集月黄星靨娥黄發靨皆數然事之相類者見拾遺引孫和悅鄧夫人常置膝上和月

下舞水精如意誤傷夫人頰流血染袴和自舐
瘡大醫曰獺髓雜玉及琥珀屑當滅痕下購百
金有富春漁人云獺神物也取則逃之伺祭魚
時有鬭死穴者枯骨可合春以滅瘢和乃作膏
琥珀太多痕未滅而頰有赤點細視之更益其
妍諸嬖要寵者以丹青點頰而後進幸又宋武帝壽陽公主人日梅花落額上成五出花後効為梅花粧也又書云以丹注面曰的華天子諸侯有群妾若以次進御有月事者上御不口說注此於面一說上官昭容自製
花子以掩黥處昭容儀之孫各就兒天后時忤旨當誅惜其才不黥而黥之

又云天后每對宰臣令昭容卧於床裙下記所奏事一日宰相李志名對事昭容竊窺上覺退朝怒甚取甲刀劄於面上不許拔昭容遽為乞拔刀子詩有集之十卷詩在集中式宗收取其詳筆集之令張說為序集賢故事舊宣索書皆進副本无副本者則促功鷹進後亦不能守其事如上官昭容旧元副本因宣索使進正本車中今闕此書矣後為花子以掩痕也

越王竹

嚴州產越王竹根於石上狀若荻枝高亦餘土人加其色用代酒籌次有沙簕產於海島間狀

如蕈菜春吐黄花其心若骨可為籌筋凡欲採者須輕步拔之不尔聞人行聲則縮入沙中了不可取陳藏器云越王餘筭味鹹生南海筭子長赤許異苑云晉安有越王餘筭菜白者似骨黑者似角吾云越王行海中作籌有餘弃之於水遂生爲臨海水土志曰越王筭妃筭大正白長赤餘生海邉沙中見使取之即可得心中存来取則入土中洪遠懷云東海中筋洲洲上故筋無極連舡取之不盡世中好失筋言天下筋悉歸於此乃驚耳之説也

無名花

廣州之南數百里有蔓草生爲其草吐一葉白華片大如掌（亦有小片者）蘂緑色初夏開謂之初誤殘花恬然特異遍問土人莫有知者惟昔草堂楼法師山居時（法師慧約字德素梁国号也）有一野嫗手持一樹植之於庭云是蜻蜓樹也（所值樹歳久芬芳鬱茂有一鳥身赤尾長棲息其上）聘北道里記云木龍寺寺有三層塼塔側生一大樹縈繞至塔頂枝榦交横上平容十餘人坐枝柯四向下垂團團如栢子帳經過莫有辨

者梁武帝曾遣人圖寫樹形還都大體屈盤似龍因呼為木龍寺又謝惠連目奇草曰仙人草序云余之中園有仙人草爲春頴其苗夏秀其英秋有貞實冬無凋色可謂四時而不改者也既嘉其名而美其質染筆作詠庶以攄述大業記又說仙人莧如長樂高三赤冊葉碧花花似鷄幘而六者闕五六寸又梁伍安貧武陵記云巴陵郡西有寺寺房廊林忽有樹生衆僧移屋避之晚更滋茂莫有認者外國沙門云是波羅宻樹常着花細白永嘉四年忽生一

花狀似芙容推其靈景未能量也又金樓子云孔子家中樹在魯城百數皆異種也然小説云簡文初不別稲余今不分此亦何愧哉

指甲花

指甲花細白色絶芳香今番人重之但未詳其名也又耶悉彌花白末利花紅者不香皆波斯移植中夏如毗尸沙金錢花也本出外國大同二年始来中土今番禺士女多以彩縷貫花賣之愚詳末利乃五印度華名佛書多載之貫華亦佛事

也又扶南傳曰頓遜國有區撥花葉逆花致祭花名遂花摩夷花燥而合香末以爲粉以粉身躰本唐初罽賓國献俱物頭花丹白相間香氣遠聞伽失畢國献渥樓鉢羅花如荷葉缺圓其花色碧蘂黄香聞数千步皆中國無者

相思子蔓

相思子有蔓生者本草拾遺云相思子樹高丈有文字赤黑間者佳又羅浮山記增城縣南迴溪之側多相思樹號相思亭送行之所贈也其子切紅葉如合歡依籬障而生合歡博物志云蠲忿古今注云嵇康種之舍前一名合昏

亦名戒樹與龍腦相宜能令香不耗南人云有刀瘡者血不止痛甚者取其葉熟擣厚傅之即愈于寳搜神記云大夫韓憑妻美宋康王奪之憑怨王囚之憑自殺妻乃陰腐其衣王與之登臺自投臺下左右攬衣不中手遺書於帶願以屍骨賜韓氏而合葬王怒弗聽埋之令冢相望宿昔有文梓木生二冢之端根交於下枝錯其上又有鴛鴦雌雄各一恒在樹上宋王哀之因為號其木白相思樹註見本文

[illegible]矑蓮一本云端字

睡蓮葉如荇而大沉於水面上有異浮根菱耳其花布葉數重不房而蘂凡五種色當夏晝開夜縮入水底晝而復出於水面也與夢草晝縮入地遇夜即復出一何背哉夢草似蒲色紅即方朔獻武帝者孫客穆思簪當遺水仙花數本如橘之於水器中經年不萎也

北户録卷第三終